SAMUEL MURGEL BRANCO

Aventuras de uma gota d'água

Ilustrações: Weberson Santiago

3ª edição reformulada
São Paulo, 2011

© SAMUEL MURGEL BRANCO, 2011
2ª edição, 2002
1ª edição, 1990

COORDENAÇÃO EDITORIAL: Lisabeth Bansi
ASSISTÊNCIA EDITORIAL: Paula Coelho
COORDENAÇÃO DE PRODUÇÃO GRÁFICA: Dalva Fumiko N. Muramatsu
COORDENAÇÃO DE EDIÇÃO DE ARTE: Camila Fiorenza
PROJETO GRÁFICO: Camila Fiorenza
DIAGRAMAÇÃO: Cristina Uetake
ILUSTRAÇÕES: Weberson Santiago
COORDENAÇÃO DE REVISÃO: Elaine Cristina del Nero
REVISÃO: Viviane T. Mendes
COORDENAÇÃO DE BUREAU: Américo Jesus
PRÉ-IMPRESSÃO: Helio P. de Souza Filho, Marcio Hideyuki Kamoto
COORDENAÇÃO DE PRODUÇÃO INDUSTRIAL: Wilson Aparecido Troque
IMPRESSÃO E ACABAMENTO:
Esdeva Industria Gráfica Ltda. - Lote: 788273 - Cód.: 12070007

Equipe técnica do ISMB (Instituto Samuel Murgel Branco) responsável pela revisão desta 3ª edição: Mercia Regina Domingues Moretto, Fábio Cardinale Branco, Rosana Filomena Vazoller

Coordenação Administrativa (Instituto Samuel Murgel Branco): Vera Lúcia Martins Gomes de Souza, Célia Massako Onishi

---

Dados Internacionais de Catalogação na Publicação (CIP)
(Câmara Brasileira do Livro, SP, Brasil)

Branco, Samuel Murgel, 1930-2003.
　　Aventuras de uma gota d'água / Samuel Murgel Branco ; [ilustrações de Weberson Santiago]. —
reform. — São Paulo : Moderna, 2011. —
(Coleção Viramundo)

ISBN 978-85-16-07000-7

1 Água. Literatura infantojuvenil I. Santiago, Weberson. II. Título. III. Série.

10-13471　　　　　　　　　　　　　　　　CDD-028.5

Índices para catálogo sistemático:
1. Água : Literatura infantil 028.5
2. Água: Literatura infantojuvenil 028.5

Reprodução proibida. Art.184 do Código Penal e Lei 9.610 de 19 de fevereiro de 1998.

Todos os direitos reservados
EDITORA MODERNA LTDA.
Rua Padre Adelino, 758 - Belenzinho
São Paulo - SP - Brasil - CEP 03303-904
Vendas e Atendimento: Tel. (11) 2790-1300
Fax (11) 2790-1501
www.modernaliteratura.com.br
2024
Impresso no Brasil

ERA UMA VEZ...

Eu conheço uma menina tão imaginativa e tão interessada nas coisas deste mundo, que ela é capaz de conversar com uma gota d'água... Ela é minha neta e se chama Carolina. Mas, na verdade, qualquer pessoa pode conversar com a natureza. Basta interessar-se por ela, examiná-la bem, com bastante carinho e demoradamente. Essa é a maneira de interrogá-la. E ela responde!

Neste livro, você vai conhecer a história de uma gotinha d'água, desde que ela nasceu, numa nuvem, até chegar ao oceano. Você vai seguir com essa gotinha — e com sua amiga, Carolina — todo o ciclo das águas na natureza e vai ver por quantas aventuras e peripécias as gotinhas passam antes de chegar aos rios, aos oceanos ou à torneira da sua casa.

Você vai ver também como as pessoas descuidadas podem prejudicar o ambiente, poluindo a água!

A gotinha vai lhe explicar como a poluição pode ser evitada, o que fazer para as enxurradas não corroerem o solo e para os rios não ficarem barrentos e sem oxigênio, asfixiando os peixes. Enfim, vai lhe ensinar a proteger essa natureza de que todos nós tanto gostamos e admiramos, e de quem todos nós recebemos tantos benefícios.

CAROLINA E A GOTINHA FALANTE

Carolina estava com um problema difícil de solucionar em sua cabecinha de criança. É que seu avô, muito brincalhão, lhe havia perguntado:

— Carolina, a água do mar é viva?

— Bem, vovô... Eu acho que não... Ela é como todas as águas, só que é muito salgada!

— Então, como é que ela se mexe tanto, subindo e descendo na praia, formando ondas que batem com força nas pedras?

Carolina ficou confusa. E, para resolver a questão, decidiu colher um pouco da água bem agitada do meio de uma onda bem forte.

Assim fez. Levou um vidro de boca larga bem grande à praia, encheu-o até a metade com a água do mar e levou-o de volta à sua casa. Assim poderia ver se, dentro do vidro, a água continuava se agitando.

Após o almoço, colocou o vidro sobre a mesinha de cabeceira, recostou-se em seu travesseiro e ficou olhando, atenta, para ver se a água se mexia.

Confira outras curiosidades sobre as gotas-d'água em:
www.modernaliteratura.com.br/viramundo

Passados alguns minutos ela ouviu, um pouco assustada e surpresa, uma voz fraca que vinha da direção da mesinha. Arregalou os olhos e apurou os ouvidos, prestando atenção.

Era uma vozinha, quase sussurrada, que vinha de dentro do vidro. Carolina olhou atentamente e viu que, acima da superfície da água, havia uma gotinha, presa à parede do frasco, que se agitava toda, fazendo-lhe sinais.

— Oi, Carolina. Abra a tampa! — dizia a gota.

Carolina abriu a tampa do vidro com todo cuidado, muito surpresa de ouvir a gota falar.

— Muito obrigada... Ufa! Como estava abafado aqui dentro! — disse, saltando para a borda do vidro.

— Desculpe... — disse a menina, meio confusa e admirada. — Eu não sabia que vocês, gotas d'água, precisavam de ar!

— Mas é claro que precisamos. O ar é importante para todas as gotas d'água até mesmo para... "voar".

— Para voar? Mas as gotas voam? — indagou Carolina, interessada.

— Sim, no fim da vida, quando já estão bem velhinhas como eu.

— Mas você não parece velha!

A gotinha deu um suspiro, agradecida:

— Sim, sou velha, pois já vivi bastante por aqui, e agora chegou o momento de retornar para as nuvens, onde nasci há muito tempo.

— Ah! Então você vai voar para o céu! Por isso me pediu para abrir a tampa do vidro!

— Sim... Eu já estava prontinha para fazer o meu "voo", ajudada pela força daquela onda que arrebentou na praia, quando você chegou com seu vidro e "gof!", me aprisionou dentro dele!

— Mas por que você tem tanta pressa de ir para o céu? Não é boa a vida no mar? Eu gostaria tanto de viver lá...

— Sim, é muito boa. Mas é que já chegou a minha vez de "voar". Todas as gotas fazem isso... Se não fosse assim, não haveria nuvens, nem chuva, nem rios... Só o mar! Eu já percorri todas as fases da vida de uma gota d'água, já ajudei muita gente...

— Você ajudou... pessoas? — indagou Carolina, rindo. — Bem, eu não quero ofendê-la, pois já estou gostando muito de você... Mas como pode uma gotinha tão pequena ajudar a gente?

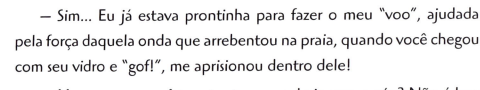

— A união faz a força! É claro que uma gota sozinha faz muito pouco. Mas toda a água que movimenta os **moinhos** e as rodas-d'água, que produz energia elétrica ou que irriga as plantações e os jardins, é formada de gotas...

— Nossa! A sua história deve ser muito interessante! Você não quer contá-la inteirinha para mim?

— Bem, é que eu tenho um pouco de pressa... Mas se você estiver realmente interessada...

— Estou sim. Estou muito interessada! Conte.

— Bem — disse a gotinha com um sorriso —, enquanto me preparo para "voar", eu vou contando. Mas preste bastante atenção, porque eu tenho muito pouco tempo. Depois eu não poderei voltar para repetir a minha história.

moinho
construção que abriga moedores que trituram ou moem uma matéria-prima, como grãos de milho ou trigo, em pedacinhos pequenos ou pó. Quando ele é movido por uma queda-d'água, nós o chamamos de moinho-d'água.

COMO NASCEM AS GOTAS D'ÁGUA

Sem perder tempo, a gotinha começou:

— Eu nasci numa nuvem, no meio de milhões de outras gotinhas. Nós nascemos muito pequeninas e só quando nos juntamos umas às outras é que nos tornamos grandes. Assim, uma porção de gotículas, muito leves e suspensas no ar, unindo-se, formam uma gota que, sendo pesada, cai. Uma porção de gotas irmãs, caindo juntas de uma nuvem, formam a chuva!

— Que interessante! Mas nós não podemos ver as gotículas? — perguntou Carolina.

— Podem sim. Às vezes a nuvem é baixa e até encosta no chão. É o que vocês chamam de neblina...

— Quer dizer que quando há neblina eu estou dentro da nuvem?

— Sim. E aí você pode ver as gotas nascendo! No próprio para-brisa, quando o automóvel atravessa a neblina, você vê as gotículas se juntarem, formando gotas que escorrem pelo vidro!

— Ah! Então eu já vi — disse Carolina, emocionada. — Já vi as gotinhas nascerem...

— Pois é: mas, de uma forma ou de outra, seja como chuva, seja como neblina, as gotas atingem o chão. Daí elas têm três caminhos a seguir:

✓ Evaporam, isto é, "voam" e sobem novamente para o céu, formando novas nuvens.

✓ Ou se infiltram no solo, isto é, metem-se pelo meio dos grãos de terra, mergulhando neles e encharcando-os.

✓ Ou escorrem sobre o solo, principalmente quando ele é impermeável, ou seja, formado de rochas duras, argila ou coberto de asfalto ou cimento que não deixam a água penetrar...

— Escorrem para onde?

— Para as partes mais baixas, isto é, para o fundo dos vales, onde formam regatos, riachos e rios.

— São as enxurradas — disse logo Carolina.

— Sim, são as enxurradas que, muitas vezes, nos terrenos inclinados e sem plantas, cavam o solo, abrem sulcos e carregam terra para dentro dos vales e rios. Por isso seria bom que os solos estivessem cobertos de plantas: a vegetação não deixa a terra ser carregada, segurando-a com as raízes. Além disso, as plantas tornam o solo mais poroso, meio esponjoso, fazendo com que a água da chuva penetre nele, em vez de escorrer.

— E você, quando caiu com as suas irmãs, na forma de chuva, que caminho escolheu: evaporar de novo, penetrar no solo ou escorrer para o rio?

— Bem... as gotas não escolhem o próprio caminho. Se caímos logo no início da chuva, no asfalto ou no solo ainda quente, somos obrigadas a evaporar, principalmente quando o Sol aparece logo depois da chuva. Se o solo é liso, **impermeável** e inclinado escorremos, pois não conseguimos nos segurar nos grãos de terra com facilidade e, quando seguramos, o grão se solta e vai com a água para o vale. Eu tive sorte de cair sobre a mata, de modo que minha queda foi amortecida pelas folhas, de onde escorreguei suavemente para o chão. Aí tratei de infiltrar-me por entre os grãos de terra.

— Como uma minhoca — riu a menina.

impermeável
que não pode ser penetrado por líquidos.

— Sim, mais ou menos como uma minhoca... — riu também a gotinha. — E aí, éramos tantas gotas juntas que encharcamos aquele solo da mata, que parecia uma esponja.

— Bem, mas... como você conseguiu sair?

— Preste atenção. De dentro dessa enorme esponja que é o solo, há também três caminhos a seguir. No primeiro, uma parte da água infiltrada volta a subir para a superfície e evapora novamente.

— A água sobe? — indagou Carolina, intrigada.

— Sim. Vou explicar como isso acontece, com alguns exemplos. Se você mergulhar na tinta a ponta de uma tira de pano, de um giz ou de um papel-filtro, desses que são usados para coar café, verá a tinta subir por ele. Isso se chama capilaridade.

— Ca-pi-la-ri-da-de? — estranhou a menina, que nunca ouvira um nome tão comprido.

— Isso mesmo. É uma característica própria das coisas porosas, isto é, das coisas cheias de buraquinhos, canaizinhos muito finos, como é o solo. Às vezes a água que sobe por esses canaizinhos traz para cima substâncias que ela dissolve, lá do fundo. É o que acontece com o ferro dissolvido, que a água traz para a superfície. Ao evaporar, ela deixa esse ferro sobre o solo, formando verdadeiras crostas duras, com aspecto de ladrilhos, cor de ferrugem.

— Isso é meio complicado para mim. Mas, como diria meu avô, "vou pesquisar mais sobre esse assunto!" — brincou Carolina.

E, ainda mais interessada, perguntou:

Você sabia?
Muitas substâncias, como sal e açúcar, quando misturadas em água "desaparecem" visualmente. Dizemos que essas substâncias se dissolveram na água.

— E quais são os outros dois caminhos que podem ser seguidos pela água depois que ela penetrou no solo?

— O segundo caminho é a água ser absorvida pela raiz de uma planta. Nesse caso, ela vai subir por uns canaizinhos que existem dentro das raízes, do tronco e dos galhos da planta.

— Que interessante! — exclamou Carolina. — Também por ca-pi-la-ri da-de?

— Sim — respondeu a gotinha, rindo. — Você aprende depressa! Pelas raízes, a água sobe carregando substâncias que dissolveu no solo,

Você sabia?
Como a transpiração do corpo humano, a transpiração das plantas ajuda a "refrescar" as folhas. Esse processo é bastante comum em dias muito quentes e com pouca umidade.

chamadas sais minerais, que servem para alimentar a planta. Depois de alimentada, a planta pode manter a água em seu interior como se fizesse parte dela. Mas essa água pode também evaporar, por meio de buraquinhos que existem nas folhas. Essa evaporação contínua pelas folhas chama-se transpiração. A quantidade de água que volta ao céu e às nuvens pode ser muito grande em uma região coberta de matas, como a Floresta Amazônica ou a Mata Atlântica.

— E você... foi por esse caminho? — perguntou Carolina.

— Não. Eu segui um outro, o terceiro, que é o mais longo e mais complicado. Por isso eu sou tão velhinha e conheço o mundo todo!

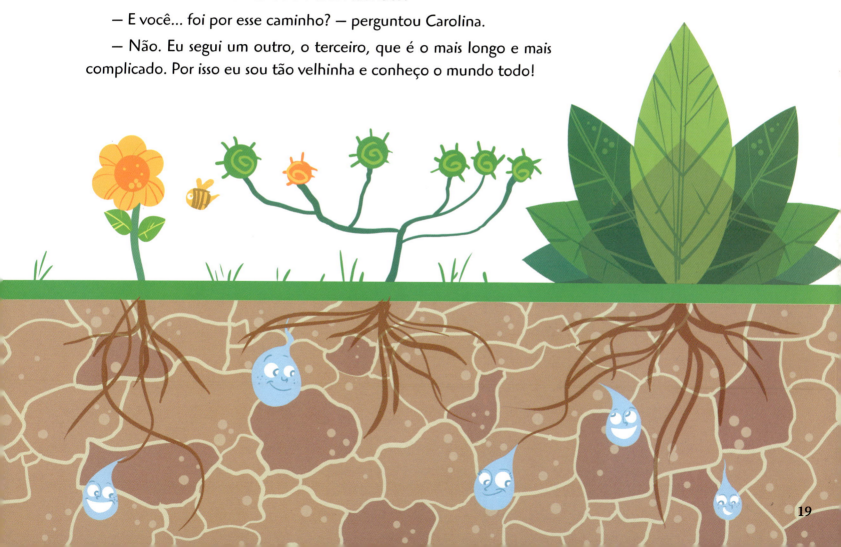

COMO SE FORMAM OS RIOS

Você sabia?
O Brasil tem uma grande reserva subterrânea de água doce nas regiões central e sudoeste chamada de Aquífero Guarani (em homenagem aos índios guaranis). Essa reserva poderá fornecer água potável ao planeta no futuro.

A gotinha falante continuou contando:

— Quando a água penetra no solo, ela vai descendo até acumular-se em uma camada encharcada, que recebe o nome de lençol freático, ou lençol subterrâneo.

— Eu sei: é um rio que corre dentro da terra, de onde sai a água dos poços.

— Não é bem isso. Não há rios subterrâneos, águas que correm livremente embaixo da terra, a não ser em cavernas. Mas a água do poço vem de um lençol subterrâneo, que é uma camada encharcada, como se fosse uma esponja. Você já viu isso na praia: se fizer um buraco na areia molhada, perto do mar, o buraco se enche de água. Se for longe do mar, você terá que fazer um buraco muito mais fundo para ele se encher de água. Isso é o poço.

— E você foi parar num desses lençóis d'água?

— Fui. E saí justamente num olho-d'água, isto é, uma nascente no solo. Dessa nascente eu e minhas irmãs corremos pelo chão, formando um estreito fio d'água que foi se juntando a vários outros, vindos de outras nascentes, até formar um regato ou riacho.

E a gotinha completou:

— Você sabia que as nascentes também são encontradas em morros? Se fizerem um corte num morro e começar a jorrar água desse corte, tenha certeza de que ali está uma nascente.

— Que interessante! E foi bom ser um regato? — perguntou Carolina.

— Sim. Eu corria e saltava o tempo todo... Eu e minhas irmãs éramos muito novas e gostávamos de brincar como todas as crianças. Bem, essa nascente de onde saímos estava na encosta de um morro alto, uma serra, no meio da floresta. Dali, descíamos saltando morro abaixo, correndo por entre pedrinhas e areia branquíssima. Às vezes despencávamos das pedras, formando pequenas cachoeiras e saltos, ou deslizávamos em corredeiras por entre pedras grandes e muito lisas, como se estivéssemos patinando ou escorregando por um tobogã: uma verdadeira delícia!

— E nunca se machucavam?

— Que nada! A água pode bater nas pedras sem se ferir! Além disso, éramos muito novinhas e, como você bem sabe, criança faz todo tipo de diabrura e quase nunca acontece nada. E isso era até muito bom para nos fortalecer, pois todas essas quedas agitam muito a água, fazendo-a borbulhar bastante, isto é, misturar-se com o ar, rico em oxigênio, o que é mesmo muito saudável! As crianças que correm, pulam e brincam bastante têm a respiração acelerada e absorvem mais oxigênio, não é mesmo?

— É verdade... São coradas!

— As crianças sim. As gotas d'água não são coradas: ficam mais transparentes, puras, como se fossem de cristal!

— Cristalinas! Por isso é que se fala que a água das montanhas é mais pura... é cristalina.

— Sim, é por isso: é uma água recém-nascida e bem arejada!

— E por que às vezes a água do rio fica barrenta, turva...?

Você sabia?
A mata ciliar recebe esse nome porque, assim como os cílios protegem nossos olhos, ela é um tipo de vegetação que protege os rios.

microscópio
instrumento formado por um conjunto de lentes que permitem mostrar imagens muito aumentadas de objetos minúsculos, que não são visíveis a olho nu, como células e micróbios.

— Isso acontece justamente por causa daquelas águas que não penetram no solo, mas escorrem sobre a superfície. Quando esse solo não é coberto de plantas, a água, ao correr sobre ele, arrasta grãos soltos de terra, levando-os para dentro dos rios.

— Eu já vi, num sítio — comentou a menina. — É a enxurrada! Às vezes até cava buracos!

— Exatamente — concordou a gotinha. — A enxurrada provoca a erosão, isto é, escava o solo e os barrancos, arrancando e transportando terra para os rios. Já a água que infiltra, indo para o lençol freático e dali ressurgindo nas nascentes, essa é límpida, transparente, pois é filtrada através do próprio solo.

— Quer dizer que, quanto menos árvores e mato existirem perto dos rios, mais turva fica a sua água?

— Sim. É isso mesmo. Por isso é que o desmatamento é prejudicial aos rios!

— Agora entendi por que é preciso proteger as matas ciliares! — disse Carolina, entusiasmada.

— Bem, vamos continuar com a sua história. Depois de correr e saltar pelos regatos você entrou num rio, depois em um outro maior.

— Sim. Depois de descer a montanha, entramos em rios calmos, que corriam lentamente em seus leitos de areia fina. Nessa época, eu não era mais criança: era uma gota adulta, forte e mais tranquila. Gostava de viajar pelo rio em companhia de um grande número de peixes e de outros animais aquáticos... e também de seres minúsculos, como as algas, que têm forma de estrelinhas, meias-luas, fios longos e verdes.

— Eu nunca vi essas algas! — exclamou Carolina, curiosa.

— É porque você não pode enxergá-las: são muito pequenas para os seus olhos. Eu enxergo porque também sou pequena, mas você precisaria de um **microscópio**... No mar existem também algas grandes, até de muitos metros!

— As grandes eu já conheço. A gente come com comida japonesa. Mas essas algas muito pequeninas são importantes?

— Claro! São importantíssimas! São as algas que alimentam todos os seres do rio: desde os pequenos vermes, insetos e micróbios até os grandes peixes! Além disso, elas produzem oxigênio, como as plantas. Nos grandes rios, nas regiões planas, assim como nos lagos, onde as superfícies já são calmas e mais quietas, não há muito borbulhamento do ar dentro da água. Por isso a produção de oxigênio pelas algas é fundamental para a respiração dos peixes e de todos os demais seres aquáticos.

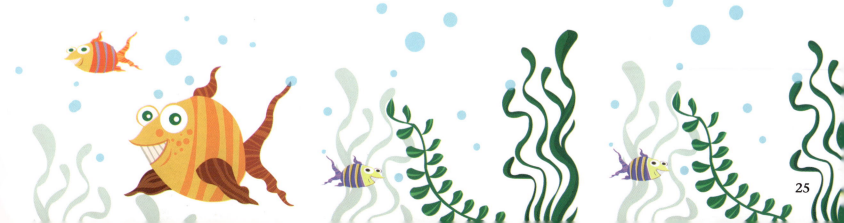

COMO A ÁGUA PODE NOS AJUDAR

A gotinha fez uma pequena pausa e continuou:

— Foi aí que comecei a conhecer os seres humanos, as pessoas!

— Que bom! — exclamou Carolina. — E como foi isso?

— Quando segui a correnteza, fui conhecendo as casinhas que existiam nas suas margens. Geralmente eram de madeira ou de barro, cobertas de palha, construídas e habitadas por homens, mulheres, crianças. As crianças nadavam no rio. As mulheres enchiam grandes potes de água, que carregavam na cabeça para suas casas, e também lavavam roupa na margem do rio. Eu não gostava muito da espuma de sabão que faziam, mas, como era pouca, logo se dissolvia e se misturava nas águas, desaparecendo: nem os peixes se importavam muito! Havia também as canoas que deslizavam sobre nossas águas, e era divertido o mergulho compassado dos remos, como se estivessem fazendo carícias em nós!

Você sabia?
O sabão é resultado da mistura de diferentes ingredientes, como a gordura cinzas, produtos químicos e perfumes.

— Devia fazer cócegas... — comentou a menina se encolhendo, como se ela mesma estivesse sentindo as cócegas.

— Acho que sim. Era divertido. Também muitos de nossos peixes ficavam presos nas malhas das redes e nos anzóis que jogavam ao rio. Os peixes, é claro, não gostavam muito disso... Mas triste mesmo era quando pegavam os filhotes. As pessoas jogavam redes muito finas ou veneno na água, matando os grandes e os pequenos. Não se deve matar os filhotes, que serão os peixes adultos de amanhã.

Carolina refletiu e disse:

— Vou conversar com meu avô, porque nós precisamos explicar tudo isso para as pessoas!

— Sabe de uma coisa? O bom mesmo era trabalhar nas rodas-d'água e nos monjolos... As rodas-d'água giram os moinhos, que trituram grãos

para fazer farinha. São semelhantes às rodas-gigantes dos parques de diversões, só que no lugar das cadeirinhas para sentar pessoas existem caixas ou pás onde a água bate com força fazendo a roda girar.

— Quer dizer que é uma roda que gira com a força da água? — indagou Carolina.

— Isso mesmo. Uma roda-d'água funciona do mesmo modo que os moinhos de vento, que giram com a força do vento. A roda, ao girar, movimenta o moinho, que mói os grãos de trigo ou de milho ou move uma bomba para levar a água do rio para a casa. Para nós, gotas d'água, isso é muito divertido, pois parece que estamos brincando em uma roda-gigante. Além disso, quando a roda gira, faz a água borbulhar, tornando-a arejada e carregada de oxigênio. Hoje essas rodas estão acabando, pois muitas foram substituídas por máquinas movidas a motores elétricos ou a óleo diesel.

— Que pena! Eu vi uma vez, numa fazenda, uma espécie de martelo enorme que bate como pilão e é movido também pela água — disse Carolina.

— Esse é o monjolo. A parte de trás dele tem a forma de uma caçamba ou concha, que recebe a água. Quando a caçamba fica cheia o seu peso a faz inclinar, levantando a outra ponta, que é o pilão. Aí, naturalmente a água é derramada da caçamba e o pilão cai com força, moendo, a cada martelada, uma grande quantidade de grãos. Serve para descascar arroz ou para fazer a farinha de milho.

— Interessante! — disse a menina, cada vez mais deslumbrada. — E há outras máquinas como essas, movidas a água?

— Sim, há várias. A mais sensacional de todas é a turbina para gerar eletricidade. A água cai numa roda com pás de ferro, que gira com uma velocidade incrível! São necessários muitos e muitos milhões de gotas d'água batendo com força nas pás da turbina para ela girar com toda aquela velocidade! E a gente sai completamente estonteada de lá de dentro... A agitação e a mistura de ar são tão grandes que a água espuma como uma cachoeira!

Você sabia?
No Brasil, mais de 90% da eletricidade é gerada por cerca de 600 represas de diversos tamanhos. Essa forma de energia é limpa e renovável, mas, ao se construírem barragens nos rios, muitos impactos ambientais e sociais podem ser provocados.

usina hidrelétrica
é uma construção que produz energia elétrica a partir do movimento de queda-d'água, por gravidade.

— E é isso que produz a eletricidade nas **usinas hidrelétricas**?

— Sim. Para isso, são construídas grandes barragens, que cercam o rio e represam a água, fazendo com que ela se acumule em grande quantidade. As barragens transformam os rios em verdadeiros lagos: as represas.

— Só para isso é que são feitas as represas?

— Não. As represas são feitas todas as vezes em que as pessoas desejam acumular água no tempo das chuvas e depois fazê-la escoar, devagarinho, no tempo das secas. Isso se chama "regularizar o rio", mantê-lo sob controle. Existem rios que enchem muito durante os períodos de chuva, inundando as margens e até alagando cidades, e depois ficam secos na época em que não chove, deixando as pessoas sem água.

— Meu professor disse que no Nordeste, às vezes, muitos rios ficam sem água nenhuma... Secos. — disse a menina.

— É verdade. Por isso que, nesses lugares, a água da chuva é guardada com todo o cuidado, principalmente para a preparação de alimentos! Agora, quando um rio é represado, ele fica com uma quantidade mais ou menos igual de água o ano todo, servindo para gerar energia, abastecer as casas, irrigar as plantações e até para divertimentos, como andar de lancha, nadar ou pescar.

— Puxa vida! E vocês, gotas d'água, ajudam a fazer tudo isso? Eu nunca imaginei...

— Que nós fôssemos tão úteis? — riu a gotinha.

— É, e acho que as outras pessoas nem sempre percebem isso também. Elas deveriam ser muito gratas por tudo o que a água faz por elas, para o desenvolvimento das cidades, para as plantações... para a vida!

— É verdade. Só que, infelizmente, alguns seres humanos não são muito gratos pelo que fazemos por eles — disse a gotinha, meio triste.

POLUIÇÃO DAS ÁGUAS: UMA INGRATIDÃO!

E a gotinha continuou:

— Os rios que percorri foram se juntando a outros, formando rios cada vez maiores, com mais peixes e mais vida. De repente, porém, entramos em uma grande cidade, e foi aí que eu conheci a ingratidão das pessoas.

— Conte como foi isso! — disse Carolina, ansiosa e assustada. — Eu, pelo menos, não quero ser ingrata com você.

A gotinha sorriu com simpatia. E contou:

— À medida que eu, minhas irmãs, os pobres peixes e muitos outros animais e plantas fomos avançando cidade adentro, começamos a receber, de todos os lados, imundícies de vários tipos: esgotos, água suja das fábricas, lixo, sujeira de toda sorte. Os peixes logo começaram a morrer aos milhares.

— Já sei, foram envenenados pela poluição.

— Não é exatamente isso. A poluição nem sempre é causa de envenenamento. O esgoto das casas, por exemplo, não é venenoso. Mas claro que às vezes há também venenos, que podem vir das fábricas ou das plantações tratadas com muito inseticida.

— E por que o esgoto mata os peixes?

— É porque ele rouba o oxigênio da água — explicou a gotinha. — Você já sabe que o oxigênio é muito importante para os rios, para os peixes e para todo mundo.

35

— Certo. Mas como é que o esgoto faz para roubar o oxigênio da água? — indagou a menina, muito curiosa.

— Na verdade, o esgoto não tem muita culpa. Ele é formado de água com muitos restos de alimentos, lixo de cozinha, fezes, coisas assim... Essas matérias de origem animal e vegetal se decompõem, isto é, apodrecem, e é essa decomposição que consome o oxigênio da água.

— Eu sempre quis saber por que as coisas apodrecem.

— Pois é por causa dos micróbios.

— Esses bichinhos que fazem a gente ficar doente? — indagou Carolina, assustada, lembrando-se de suas gripes e dores de ouvido.

— Não. Não são esses. Na natureza há muito mais micróbios "bons" do que "maus". Os que fazem as coisas apodrecerem são bons.

— Não entendi isso muito bem. É bom que as comidas apodreçam, então?

A gotinha riu da esperteza de Carolina.

— Não é bom que os alimentos apodreçam antes de serem consumidos, mas é bom que os restos de comida, assim como todo o lixo, os detritos das ruas, as plantas e os animais mortos, apodreçam! Do contrário, já imaginou como este mundo estaria repleto de montanhas de lixo, esgotos e resíduos de toda sorte?

— É verdade! — disse Carolina, horrorizada.

Você sabia?
Iogurte, pão e queijo são alguns alimentos fabricados com o auxílio de micróbios.

— Pois essa é a tarefa dos micróbios bons: eles usam esses resíduos como fonte de alimento para crescerem e assim, de certa forma, os fazem desaparecer. Seja nos depósitos de lixo, no solo ou nos rios: eles ajudam a destruir o problema que gera a poluição!

— Mas, então, se eles não causam doenças e acabam com as sujeiras que poluem os rios, por que é que causam a morte dos peixes?

— É porque eles também respiram... Eles usam o oxigênio do rio! Acontece que a quantidade de micróbios aumenta muito rapidamente e, quando há muitos milhões deles respirando num rio, não sobra oxigênio para os peixes...

— Ah, entendi! — exclamou Carolina. — A sujeira do rio é o alimento dos micróbios e por isso, quando há muita sujeira, há também muito micróbio. E se tiver muito micróbio respirando no rio, o oxigênio acaba!

— Isso mesmo! — exclamou a gotinha, satisfeita com o aprendizado rápido da menina. — É aí que nós, as gotinhas d'água, começamos a ficar sufocadas. Quanto aos peixes, coitados! Eles morrem logo. Mas, como você vê, a culpa não é nem dos "micróbios bons" nem dos próprios resíduos: a culpa é das pessoas, por jogarem quantidades muito grandes de resíduos em um mesmo rio. Elas deveriam, isto sim, fazer o tratamento desses resíduos, isto é, destruí-los, retirá-los da água que é jogada nos rios.

— E isso pode ser feito?

— Claro, e com a ajuda dos micróbios bons! Só que em lugares adequados, isto é, nas estações de tratamento de esgotos ou de lixo, e não dentro dos rios.

— Que bom que há solução! Eu acho esses micróbios uns heróis! — Carolina completou: — A água deve ser mantida limpinha, cristalina, cheia de vida e de peixes, pois serve a todos: às pessoas, ao meio ambiente... à nossa amiga natureza!

— É verdade. Mas quando as pessoas jogam lixo e as fábricas despejam resíduos nos rios, suas águas ficam sujas e muito poluídas, por isso fica difícil para nós, gotas, absorvermos oxigênio do ar! Quando vivíamos em um lugar como esse, só foi possível conseguir oxigênio na superfície, e cada vez que conseguíamos um pouco, logo o rio recebia outros dejetos. Era mesmo muito triste... todos os seres vivos que moravam no rio sofriam demais...

ATÉ O MAR É POLUÍDO!

Carolina ficou pensativa por um momento, com muita pena da gotinha:

— Não sei como vocês conseguiram escapar de tudo isso com vida! — exclamou a menina.

— Sempre conseguimos escapar. Os peixes não, mas nós conseguimos. Graças a uma reação natural da água chamada autodepuração, o rio se purifica.

— Como é isso?

— Sempre que o rio poluído para de receber resíduos, as águas recuperam, aos poucos, o oxigênio e, com ele, a vida! Na verdade, as gotas d'água se purificam de novo. Basta que haja bastante movimento e agitação, como nas cachoeiras...

— E borbulhamento... — completou a menina.

Você sabia?

O Brasil tem diversas e belas cachoeiras. A cachoeira da Fumaça, na Bahia, tem cerca de 370 metros de altura. Ela recebe esse nome porque a água que cai espalha no ar uma nuvem de gotículas parecida com fumaça.

— Sim. Borbulhamento, mistura da água com as bolhas de ar. Você já reparou como as claras dos ovos, depois de mexidas em uma batedeira, transformam-se em uma espuma branca, formada de milhões de bolinhas de ar?

— É verdade — disse Carolina. — É só bater bastante, que o ar entra e as claras crescem.

— A água do rio segue um fluxo, correndo e batendo nas pedras das cachoeiras. Nós conseguimos o ar graças a um longo trecho do rio cheio de corredeiras, em que só havia campos e nenhuma grande cidade para poluir de novo. Depois chegamos ao mar.

— Ah! Conte isso. Deve ter sido lindo! — exclamou Carolina, com o entusiasmo de quem gosta muito do mar.

— Sim. No começo foi lindo. A chegada ao mar, além de representar uma etapa importante, o destino final de uma gotinha d'água, é também muito bonita. O rio se alarga, se espraia, torna-se mais lento. De repente, as gotas que vinham navegando continuamente, como que em uma estrada cercada por barrancos de ambos os lados, se veem diante de uma superfície infinita de águas límpidas, refletindo o céu e sem limitações.

— Deve ser bonito! — disse Carolina, emocionada. — Mas e o sal?

— O sal? Não nos faz mal nenhum. Nós conseguimos dissolvê-lo de tal maneira que ele desaparece e começa a fazer parte de nosso corpo. Os peixes e outros animais e plantinhas que vivem no rio não gostam do sal, por isso não vão até o mar. Permanecem longe dele, nas partes distantes ou "altas" do rio.

— Mas meu pai costuma pescar na boca do rio, onde a água às vezes é doce, às vezes é mais salgada. E lá há muitos peixes e também siris...

— Sim. Isso é verdade. Existem muitos peixes, caranguejos, camarões e até plantas que vivem nessas embocaduras de rios, onde a **salinidade** da água varia muito. Mas esses são os habitantes naturais das embocaduras dos rios e estão acostumados a essas condições. E há também peixes e animais do mar que não suportam a água doce.

— Interessante!

— Pois é. A natureza é sempre interessante. Ela consegue criar tipos de vida para cada ambiente.

— Até para os ambientes poluídos?

— Não, isso não. Eu me refiro aos ambientes naturais, e não àqueles que as pessoas criam com o seu desleixo.

— Mas no mar não há poluição! — exclamou Carolina.

salinidade
indica a quantidade de sais que estão dissolvidos na água.

— Há, sim. Infelizmente! Não se trata apenas dos pequenos lançamentos de esgotos, pois estes, dada a imensidão do mar, até que podem ser aí diluídos, desde que despejados longe da costa e que não contenham substâncias venenosas. Muito grave é o derrame de óleo pelos navios e nos portos.

— Derrame de óleo? E por quê?

— Diariamente, gigantescos navios transportam quantidades incalculáveis de petróleo, cruzando todos os oceanos em todas as direções. São os petroleiros. Muitos deles transportam, de cada vez, centenas de milhares de toneladas.

— Nossa! — exclamou a menina, assustada. — E para onde vai tudo isso?

— Vai dos países que produzem petróleo para os que não produzem, mas que consomem muito.

— Mas eles derramam todo esse óleo no mar?

— Às vezes sim. Por acidente, quando os tubos que enchem os navios de petróleo têm algum vazamento, ou quando um petroleiro afunda. Às vezes até mesmo de propósito, quando lavam os tanques de óleo em pleno mar... E, como são muitos os navios e os portos, os oceanos hoje se encontram com todo esse óleo. Outro problema pode ocorrer quando estão retirando o petróleo do fundo do mar e as máquinas usadas para esse fim quebram. O desastre é enorme, pois o óleo é liberado no mar durante dias, sem parar, até que se consiga tampar o poço!

— E esse óleo se mistura com a água do mar?

— A princípio ele vai para a superfície, pois você sabe que o óleo não se mistura com a água e, sendo mais "leve", vai para cima. Aí, ele se espalha e forma uma superfície oleosa cada vez maior, matando peixes, pois o óleo não deixa passar o ar. Ou lambuzando as penas das

Você sabia?
O manguezal é um ecossistema que fica inundado nas marés altas e exposto nas marés baixas. Característico das regiões tropicais, no Brasil, os manguezais estão distribuídos por quase todo o litoral.

gaivotas e outras aves, que, por causa disso, não podem mais voar e morrem afogadas...

— Que malvadeza! — exclamou a menina, penalizada.

— Sem dúvida, é uma malvadeza! Quando essa mancha de óleo se aproxima das praias, então o desastre é completo: ela se infiltra na areia, mata os caranguejos, mexilhões e ostras que vivem nas pedras e destrói os manguezais.

— *Manguezais...* são plantações de manga? — indagou a menina, confusa.

— Não! — explicou a gotinha. — Manguezais são aqueles bosques de árvores retorcidas que crescem entre o mar e a embocadura do rio. Quando a maré sobe, a água do mar cobre o solo onde elas vivem e, se o mar estiver sujo de óleo, afoga suas raízes e todos os caranguejos, mariscos e camarões que vivem naquele lodo escuro...

— E depois o óleo desaparece?

47

— Isso leva muito tempo. Com a agitação das ondas e das correntes marinhas, a areia do fundo do mar começa a se misturar ao óleo da superfície, formando uma espécie de graxa preta e grudenta, "cimentando" toda a areia, matando os bichinhos que vivem lá. Muitas dessas placas de graxa acabam sendo levadas pelas ondas até as praias, às vezes chegando em locais bem distantes de onde houve o derramamento de óleo.

— Ah! — exclamou a menina, indignada. — Isso eu acho que já vi! É o piche grudento da praia, que suja os pés e as sandálias. Uma vez eu perdi um biquíni novinho por causa dessa graxa!

— Isso mesmo, é esse "piche", como você diz — respondeu a gotinha.

É HORA DA DESPEDIDA

E a gotinha prosseguiu:

— Agora, imagine, como é desagradável para nós, gotas d'água cristalinas e puras, viver no meio dessa graxa nojenta. Acabamos ficando sujas e manchando as roupas e o corpo de quem vem se banhar em nossas águas. E o que é pior: ficamos outra vez sem oxigênio, pois o óleo não deixa o ar entrar. Ele forma uma espécie de capa sobre a água ou em volta das gotinhas e não deixa o oxigênio passar.

— Que pena. Isso deveria ser proibido!

— É proibido! A desculpa é sempre a de que foi um acidente, que não foi de propósito. Mas nós acabamos ficando sujas e sem ar do mesmo jeito. Justo nós, que queremos ser úteis às pessoas, aos peixes, à natureza.

— Eu me lembro de uns versinhos de um poema chamado "Cântico das criaturas", que aprendi, e que dizem assim:

Louvado sejas, Senhor, pela irmã Água.

Ela é muito humilde, útil, preciosa e pura!

— Isso foi escrito há muito tempo por Francisco de Assis, um jovem que amava a natureza — disse a gotinha, orgulhosa. — São versos muito bonitos! Pena que nem todas as pessoas pensem assim.

Você sabia?
Ainda não existe um modelo ideal para o descarte de óleo vegetal. Especialistas acreditam que reutilizá-lo na fabricação do sabão é a melhor maneira de reaproveitá-lo sem prejudicar o ambiente.

Carolina percebeu que a gotinha estava ficando triste e resolveu mudar de assunto:

— Diga-me uma coisa: afinal, a água do mar é viva ou não?

A gotinha pensou um pouco e sorriu:

— É apenas um modo de dizer... Falamos que um rio é morto quando nele não há peixes nem outros seres vivos, por causa da poluição. A água do mar é "viva" não por se mexer e formar ondas, pois isso é o vento que faz, empurrando-a de encontro à praia. Mas ela é viva enquanto *contém* vida.

— Como assim?

A gotinha explicou:

— Uma água com vida é uma água saudável, que não tem poluição, mas tem bastante oxigênio, que recebe diretamente do ar, enquanto percorre as cachoeiras. Na água vivem muitos seres vivos: algas e animais microscópicos; pequeninos seres transparentes, como as pulgas-d'água; vermes aquáticos, semelhantes a minúsculas minhoquinhas vermelhas, de que os peixes gostam tanto; larvas de inúmeros tipos de insetos aquáticos, como libélulas e lavadeiras; camarões, caranguejos, peixes...

— Jacarés! — completou a menina.

— Sim, até jacarés, lontras, capivaras. Todos esses animais vivem na água e da água, alguns respirando o seu oxigênio, outros apenas comendo o que é produzido na água. Mas tudo isso, veja bem, só é possível em uma água saudável, limpa, bem arejada. Por isso dizemos que a água é viva, pois contém vida!

— Ah, entendi! A água poluída não tem vida. Quando ocorre poluição, a vida na água desaparece — disse a menina, satisfeita com

Você sabia?
A água do mar não deve ser bebida porque contém grandes quantidades de sais dissolvidos. Se ingerida, pode provocar desidratação, pois o corpo elimina água para se estabilizar.

o que aprendera e com a solução que, afinal, encontrou para o seu enigma. — Vou dar essa resposta a meu avô quando ele perguntar de novo. Só não vou dizer que foi uma gotinha d'água que me contou!

— É! Ele não acreditaria. Bom, essa nossa conversa está muito agradável, mas agora tenho que ir embora.

— Por causa da poluição? — perguntou a menina, um pouco aborrecida.

— Não, não é por isso. É que tudo na natureza se faz em ciclos, como as histórias que no fim voltam para o início, e começa tudo outra vez... E eu cheguei ao fim do meu ciclo aqui na terra, e não posso ficar parada. Na verdade esse ciclo, chamado ciclo hidrológico, ou ciclo da água, continua, e eu, evaporando aqui desta água que você recolheu do mar, volto às nuvens, para renascer como uma nova gota de chuva: "novinha em folha"!

— Nesse caso, eu vou levar toda essa água do vidro para o mar e soltá-la de novo. Amanhã cedo, quando for à praia, farei isso — disse a menina, animada.

A gotinha calou-se. Nesse instante, Carolina ouviu que sua mãe a chamava para o lanche. Olhou demoradamente para o vidro, mas não via a gotinha se agitar ou falar. Tudo estava quieto como antes.

— Você estava dormindo esse tempo todo, Carolina? — indagou sua mãe.

— Não... — respondeu a menina, hesitante. — Eu estive... pensando... Conversando comigo mesma! Mas quero pedir uma coisa: você me leva até a praia hoje mesmo, de novo? É que... tenho de devolver a água que eu trouxe do mar.

A mãe sorriu, intrigada.

— Levo, sim. Mas... que mistérios são esses? Por que devolver?

— Bem... Não preciso mais dela. Já tenho a resposta para a pergunta do vovô!

SAMUEL MURGEL BRANCO

Samuel Murgel Branco, conhecido e carinhosamente chamado de Prof. Samuel pelos professores e amigos, sempre foi um apaixonado pela natureza e desde cedo manifestou seu gosto pelo mar e pelas florestas ao pé da Serra do Mar, nas suas andanças pela cidade de Itanhaém, no litoral do estado de São Paulo.

Formou-se em História Natural e especializou-se em Biologia — ciência que estuda a vida em suas diversas formas — e trabalhou como professor e cientista em importantes instituições de ensino e de proteção ao meio ambiente, recebendo muitos prêmios ao longo de sua vida.

Ao se aposentar, passou a escrever livros sobre a natureza e o meio ambiente, especialmente para as crianças, a quem dedicou cerca de 50 títulos.

Títulos de Samuel Murgel Branco para crianças

Coleção Viramundo
Aventuras de uma gota d'água
Carolina e o vento
Curupira e o equilíbrio da natureza
Florinha e a fotossíntese
Iara e a poluição das águas
O saci e a reciclagem do lixo
Passeio por dentro da Terra
Viagem ao mundo dos micróbios

Série HQ na Escola
Uma aventura amazônica
Uma aventura no campo
Uma aventura no mar
Uma aventura no quintal